Mi
biblioteca
de
ciencias

El uso de instrumentos para entender nuestro mundo

by Kelli Hicks

Editor del contenido científico:
Shirley Duke

Rourke
Educational Media

rourkeeducationalmedia.com

Teacher Notes available at
rem4teachers.com

Science Content Editor: Shirley Duke holds a bachelor's degree in biology and a master's degree in education from Austin College in Sherman, Texas. She taught science in Texas at all levels for twenty-five years before starting to write for children. Her science books include *You Can't Wear These Genes, Infections, Infestations, and Diseases, Enterprise STEM, Forces and Motion at Work, Environmental Disasters,* and *Gases.* She continues writing science books and also works as a science content editor.

www.rourkeeducationalmedia.com

Editor: Jeanne Sturm

My Science Library series produced by Blue Door Publishing, Florida for Rourke Educational Media.
Editorial/Production Services in Spanish by Cambridge BrickHouse, Inc.
www.cambridgebh.com

Hicks, Kelli.
El uso de instrumentos para entender nuestro mundo / Kelli Hicks.
(Mi biblioteca de ciencia)
 ISBN 978-1-62717-314-8 (soft cover - Spanish)
 ISBN 978-1-62717-521-0 (e-Book - Spanish)
 ISBN 978-1-61810-230-0 (soft cover-English)

Rourke Educational Media
Printed in the United States of America,
North Mankato, Minnesota

Also Available as:

rourkeeducationalmedia.com

customerservice@rourkeeducationalmedia.com
PO Box 643328 Vero Beach, Florida 32964

Contenido

¿Qué instrumentos?

¿Has tomado parte en las investigaciones de la clase de ciencias? Quizás hayas usado un vaso de precipitación o una regla como ayuda.

Los científicos e investigadores usan muchos instrumentos similares a los que usas en la escuela. Los usan para medir, para hacer pruebas para encontrar curas de enfermedades, para aprender cómo funcionan las cosas en nuestro mundo o para inventar nuevas **tecnologías**.

Tanto los estudiantes como los científicos usan gafas protectoras para proteger sus ojos al usar productos químicos en el laboratorio.

Instrumentos para medir

Un químico usa una **probeta** para medir el volumen de distintos líquidos. Las líneas del cilindro indican exactamente cuánto liquido hay en el recipiente.

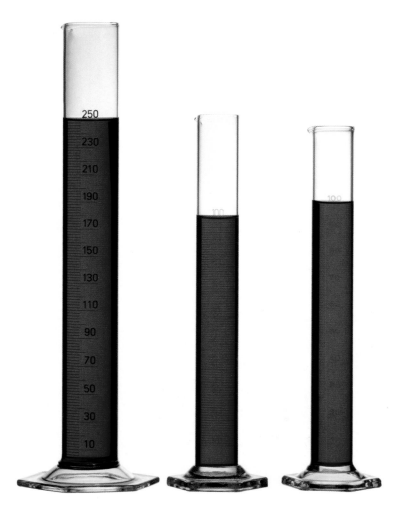

Las probetas tienen distintos tamaños, pero todas tienen una base ancha para prevenir que se vuelquen.

Los vasos de precipitación y los matraces se usan para mezclar, transportar y hacer reacciones químicas. No están graduados con tanta exactitud para medir como las probetas. La mejor opción para medir es la probeta, por su forma alargada, estrecha y sus marcas.

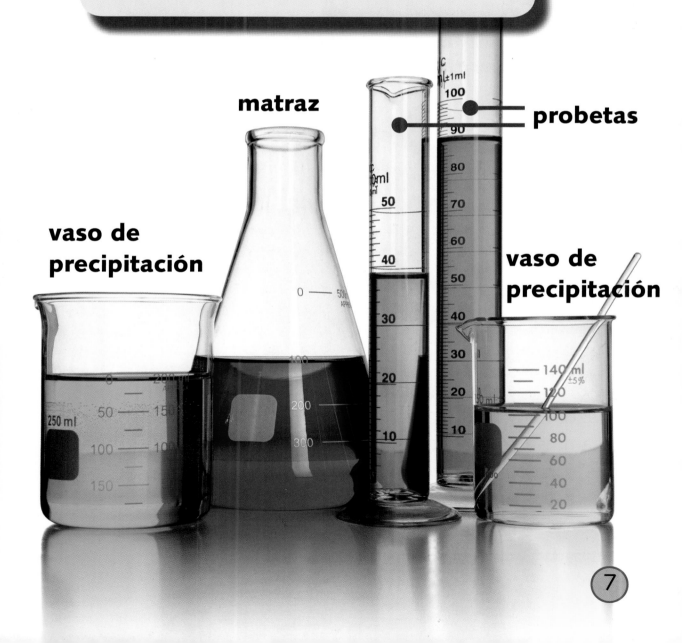

matraz

probetas

vaso de precipitación

vaso de precipitación

En ciencias se usan distintos tipos de balanzas. Un doctor usa una **balanza de doble brazo** para medir cuánto pesas.

¿Sabías que...?

En una balanza de doble brazo, el doctor desliza una masa conocida hacia el extremo del brazo hasta que esté en equilibrio con la masa al otro lado.

Una **balanza de resorte** funciona distinto. Usa la **fuerza de gravedad** que tira de un resorte para calcular el peso de las cosas.

¿Sabías que...?

Un pescador usa una balanza de resorte para medir el peso de lo que captura. La fuerza de gravedad hala al pez hacia abajo, estirando el resorte. Al moverse, el resorte mueve el disco, que indica el peso.

Los científicos usan calculadoras para sumar y restar cantidades y para mantener un registro de medidas en sus experimentos.

También usan computadoras para procesar información o para almacenar datos. Algunas veces usan super-computadoras. Una super-computadora es similar a una computadora normal, pero trabaja mucho más rápido y almacena mucha más información. Además, realizan cálculos científicos muy complicados en muy poco tiempo.

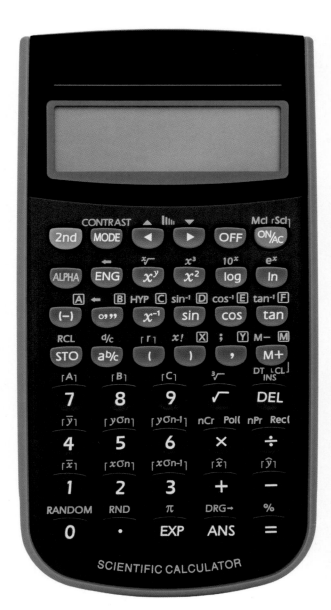

Las calculadoras científicas tienen funciones adicionales para resolver problemas complicados de física, álgebra y geometría.

Los científicos usan computadoras especializadas para crear simulaciones para darle seguimiento a los cambios medioambientales, para explorar el universo, para crear sustancias nuevas y para desarrollar nuevas tecnologías.

Una supercomputadora como esta del Argonne National Laboratory, en Illinois, proporciona a los científicos acceso rápido a grandes cantidades de información.

¿Puedes verlo?

A veces, necesitamos instrumentos para estudiar y entender objetos muy pequeños. Si observas un objeto pequeño a través de una lupa puedes ver mejor sus detalles. Sostén la lupa cerca del objeto que quieres observar. Cuando la luz pasa por el cristal de la lupa sus rayos se curvan, lo que te permite ver más grande el objeto que observas.

A veces, el objeto que quieres observar está demasiado lejos como para usar una lupa. Los binoculares son el instrumento adecuado para este caso. Los binoculares funcionan como un **telescopio** pequeño. La luz se curva y magnifica el objeto, y sus detalles se ven más grandes. Este instrumento ayuda a los biólogos a identificar especies de animales sin perturbar su hábitat.

Cuando usas una lupa puedes contar las patas de un insecto o ver la cantidad de ojos que tiene una araña.

Algunos objetos son tan pequeños que no se pueden ver a través de una lupa. No podemos ver gérmenes o **células** con nuestros ojos, por lo que necesitamos un instrumento llamado **microscopio** para verlos con claridad. El microscopio magnifica el objeto, haciéndolo ver mucho más grande de lo que es.

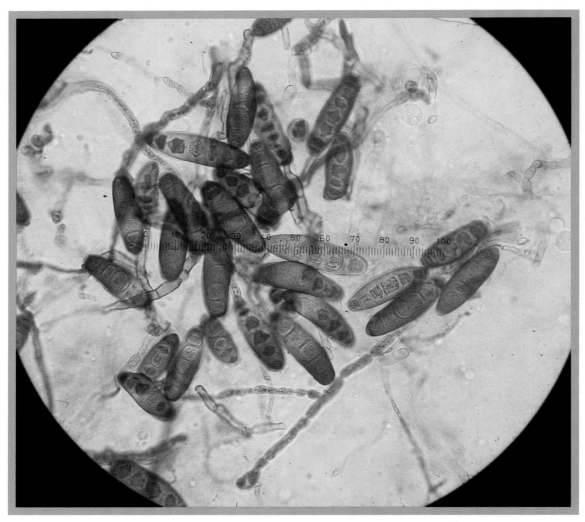

Los científicos usan microscopios para observar cuántas esporas fúngicas hay y cuán rápido se multiplican.

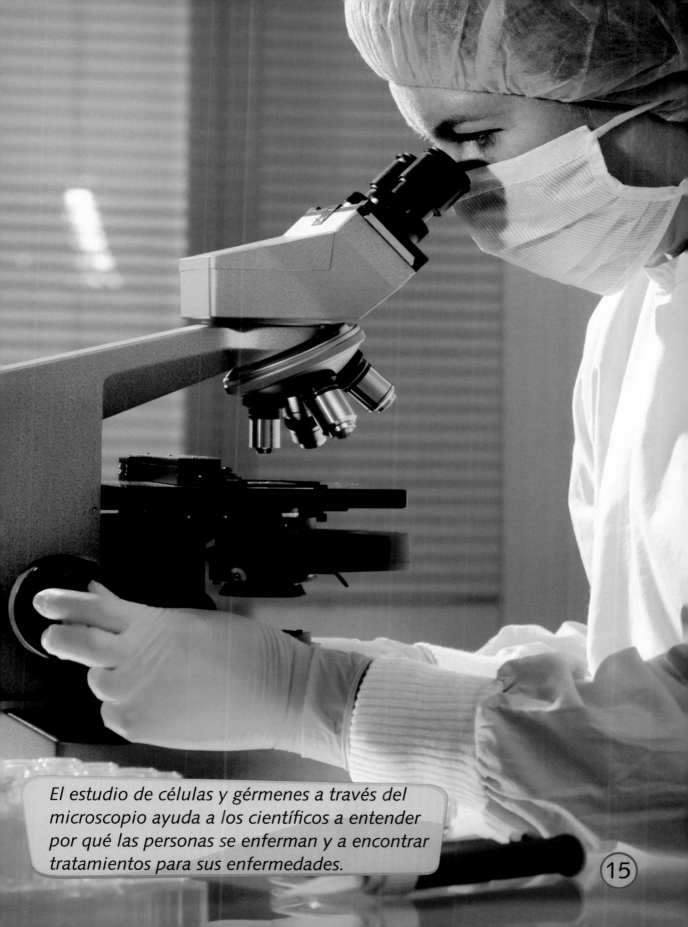

El estudio de células y gérmenes a través del microscopio ayuda a los científicos a entender por qué las personas se enferman y a encontrar tratamientos para sus enfermedades.

Los astrónomos son científicos que estudian el **espacio exterior**. Ellos necesitan un instrumento para ver cosas que están muy lejos. El telescopio de refracción funciona igual que una lupa. Usa la luz y un pedazo de vidrio curvo para engrandecer un objeto.

telescopio de refracción

El telescopio Hubble orbita alrededor de la Tierra desde mayo de 2009, después de que la tripulación de la nave Atlantis le diera mantenimiento y lo lanzara al espacio.

¿Sabías que...?

Un telescopio de refracción, como el Hubble, usa dos espejos curvos para recolectar la luz, lo que ayuda a ver mejor las cosas que están muy lejos. Las antenas del telescopio reciben y mandan información a la Tierra. Las imágenes capturadas muestran estrellas, nebulosas y hasta otras galaxias.

Instrumentos de comunicación

¿Conoces algún instrumento que nos sirva para comunicarnos? La tecnología nos ayuda a comprender qué está pasando en el mundo y crea oportunidades para aprender más. Los **satélites** mandan y reciben mensajes e imágenes y las transmiten rápidamente de un lugar a otro. Los teléfonos celulares, la internet y la televisión dependen de la tecnología de los satélites.

Las antenas parabólicas de la Tierra mandan señales, llamadas *uplinks*, a los satélites que están en el espacio exterior y estos mandan señales, llamadas *downlinks*, de vuelta a la Tierra.

Nuevos instrumentos

Los investigadores especializados están desarrollando nuevos instrumentos que pueden mejorar nuestro mundo. Las investigaciones en el campo de la nanotecnología observan cosas en el rango de la billonésima de un metro. Están usando esta tecnología para crear materiales para mantener la comida fresca por más tiempo, mejorar los componentes digitales y de computadoras, y para producir nuevas fuentes de energía renovables.

simulación computarizada de nanorobots

▲ Los investigadores trabajan para crear nanorrobots que en el futuro puedan ser introducidos en el cuerpo humano para destruir invasores o para reparar células.

El ejército usa robot-insectos para grabar audio o video y monitorear actividades terroristas. ▶

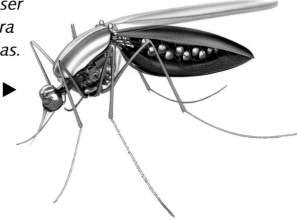

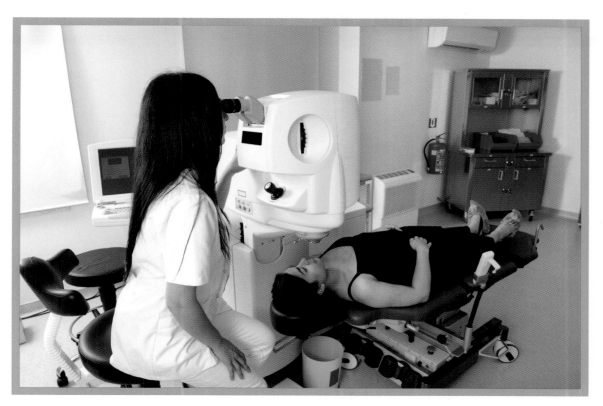

Los cirujanos usan láseres para corregir problemas de la vista y los pacientes experimentan una mejoría casi instantánea.

Los científicos que experimentan con láseres también han hecho descubrimientos importantes. Usamos láseres cuando escaneamos los precios de las cosas que compramos en el supermercado, pero los científicos han desarrollado tecnologías láser capaces de detectar células cancerígenas antes de que se conviertan en tumores. La tecnología láser también se usa para predecir el mal tiempo y para monitorear los efectos del calentamiento global del planeta.

Los científicos trabajan a diario para crear nuevas tecnologías. ¡Imagina que un nuevo descubrimiento pueda cambiar nuestro mundo!

Demuestra lo que sabes

1. Compara los instrumentos que usas en clase con los que usan los científicos.

2. Explica cómo te ayudan los instrumentos en tus tareas de ciencia o matemáticas.

3. ¿De qué maneras los instrumentos mejoran las comunicaciones alrededor del mundo?

Glosario

balanza de doble brazo: instrumento para medir el peso de algo

balanza de resorte: tipo de balanza que usa la fuerza de gravedad y un resorte para medir el peso

célula: parte básica y microscópica de un organismo vivo

espacio exterior: área más allá de la atmósfera terrestre, incluyendo estrellas, planetas y galaxias

fuerza de gravedad: la fuerza que hala a los objetos en dirección a la Tierra, que evita que estos floten en el espacio

microscopio: instrumento con lentes poderosas que ayuda a ver más grandes los objetos pequeños

probeta: recipiente alto y estrecho usado para medir líquidos

satélites: aparato mandado al espacio exterior a orbitar alrededor de la Tierra, la Luna u otros cuerpos, que manda y recibe información de la Tierra

tecnología: el uso de la ciencia y la ingeniería para hacer o mejorar cosas prácticas con más eficiencia

telescopios: instrumentos que hacen parecer más grandes y cercanas las cosas que están muy lejos

Índice

Sitios de la internet

www.teachthechildrenwell.com/science.html
www.softschools.com/science/
www.learningscience.org

Sobre la autora

Kelli Hicks vive en Tampa con sus dos hijos Mackenzie y Barrett, su esposo y su *golden retriever Gingerbread*. Ella no es muy buena usando instrumentos científicos, pero sí disfruta al utilizar instrumentos de medición en su cocina.

¡Pregúntale a la autora!
www.rem4students.com